Klaus G. Förg

HIMBA

Namibias ockerrotes Volk

Klaus G. Förg

HIMBA

Namibias ockerrotes Volk

Texte von Gerhard Burkl

rosenheimer

ANGOLA
Epupa Fälle
Kunene
Camp Serra Cafema
Zebraberge
Swartbooisdrift
Ruacana Fälle
Ruacana
Oshakati
Okongwati
Epembe
Marienfluss
Hartmannsplateau
Hartmannstal
Hartmannsberge
Otjitanda
Otjihende
Van Zyl's Pass
Etanga
Steilrandberge
Red Drum
Opuwo
Skelett küste
Nat. Park
Hoarusib
Kaoko Otavi
C 35
Khumib
Purros
Touristengebiet (nur mit Erlaubnis)
Sesfontein
Warmquelle
Etosha Nat. Park
Hoanib
Palmwag
Piste (nur mit Allrad)
50 km
ANGOLA
SAMBIA
NAMIBIA
ZIMBABWE
BOTSWANA
SÜDAFRIKA

INHALT

Hirtenstab und Lendenschurz stehen für die traditionelle Lebensweise der Himba.
Rechts: Häuptling Kano aus Okatjimbombo

Die Himba sind bekannt für ihre ockerrot gefärbte Haut und ihren aufwändigen Schmuck.

NAMIBIAS OCKERROTES VOLK

Leben im Kaokoveld

Das Kaokoveld im Nordwesten Namibias ist eine Gebirgslandschaft, die von weiten Ebenen durchzogen wird. Die Westgrenze bildet die Küstenwüste der Namib, nach Norden ist das Gebiet durch den Kunene, den einzig ständig Wasser führenden Fluss des Gebietes, umschlossen. Im Osten geht das Kaokoveld in die Weite der Kalahari über, die Scheidelinie verläuft hier etwa an der Straße C 35, die an der Westseite des Etoscha-Parks nach Ruacana am Kunene führt. Die Südgrenze liegt nördlich von Khorixas, etwa auf der Höhe des Huab.

Viele Touristen sind von der Stille und der Schönheit der Landschaft begeistert. Brillante Farben mit allen Übergängen von gelben, braunen, roten, grauen und schwarzen Sanden und Felsen erstrecken sich über die endlos weiten Täler. Besonders schönes Licht in den Morgenstunden bei Sonnenaufgang oder am Abend, wenn die Sonne leuchtend untergeht, lässt das Herz jedes Fotografen höher schlagen. Und noch der klare Sternenhimmel mit dem legendären Kreuz des Südens und dem strahlenden Band der Milchstraße leuchtet in der Wüste der Südhalbkugel viel heller, als wir es im dunstigen Europa selbst in mondhellen Nächten gewöhnt sind.

Die ersten europäischen Forschungsreisenden und Jäger drangen ab 1850 ins Kaokoveld vor. Der deutschen Kolonialherrschaft von 1884 bis 1915 war das Land zu abgelegen und unwirtlich, und so wurde es zusammen mit der südlich davon gelegenen Etoscha zu einem Naturpark erklärt. Lange war das Kaokoveld während der Zeit der südafrikanischen Mandatsverwaltung entsprechend den Apartheidsgesetzen ein »Homeland« für die dort lebenden schwarzen Einwohner und später ein militärisches Sperrgebiet.

Als jedoch der Krieg Südafrikas mit den Unabhängigkeitskämpfern der SWAPO (South West Africa People's Organisation) im Norden Namibias zu Ende war und das Land 1990 unabhängig wurde, entdeckte man diese Region für den Tourismus. Heute wird die entlegene nordwestliche Ecke Namibias zunehmend von Gästen besucht, die die karge Schönheit der Landschaft sowie ihre Tierwelt bewundern – und natürlich auch das ockerrote Volk, das hier zu Hause ist, die Himba.

Noch haben die traditionell lebenden Himba ihre halbnomadische Lebensweise beibehalten, die sie als stolze Hirten einst zu den wohlhabendsten Viehzüchtern des südlichen Afrikas machte. Auch wenn sie uns aufgrund ihrer einfachen Alltagstechnik, ihrer schlichten Hütten und ihrer Erscheinung arm und einfach erscheinen, haben sie doch aufgrund ihrer Erfahrung und der genauen Kenntnis der ökologischen Zusammenhänge ihres Lebensraumes stets auch harte Trockenzeiten erfolgreich überstanden. Für viele Ethnologen sind sie ein interessantes Forschungsobjekt geworden.

AUS DEM AHNENBAUM HERVORGEGANGEN

Die Geschichte der Himba

Der erste Eindruck der Touristen, wie er auch durch Reiseprospekte oft vermittelt wird, ist, dass dieses Volk »seit der Steinzeit« in dem schwer zugänglichen Kaokoveld lebt. Dem ist jedoch nicht so, wie die bewegte Einwanderungsgeschichte zeigt.

Die Himba selbst und die mit ihnen eng verwandten Herero des Kaokovelds stammen laut ihrer Überlieferung aus dem Norden, von wo sie auch das Vieh mitgebracht haben. Sie glauben, dass ihre Vorfahren aus dem mystischen Land Mbandwa kamen, wo der Omumborombonga, der Ahnenbaum steht, aus dem die Menschen hervorgegangen sind. Sein dunkles, hartes Holz wird daher gern als Brennmaterial für das heilige Feuer verwendet.

Selbst wenn die tatsächliche Herkunft der Himba in vielen Punkten unklar ist, da es keine niedergeschriebenen Belege gibt, stimmen sowohl die mündliche Überlieferung der Stammesältesten als auch die moderne Geschichtsforschung darin überein, dass große Gruppen Bantu sprechender Viehzüchter, zu denen die Herero und die Himba gehören, ab dem 16. Jahrhundert in dieses Gebiet kamen. Der Zuzug vollzog sich in mehreren Wellen von Norden, aus den Grassavannen südlich der großen ostafrikanischen Seen.

Ein ausgedienter Armreif

Einer der stets bevorzugten Siedlungsschwerpunkte war die Flussoase entlang des Kunene, der auch bei Trockenheit Wasser und Nahrung bot. Von hier erfolgte die weitere Besiedelung. Im früher wildreichen Kaokoveld haben über viele Jahrhunderte die Wildbeuter und Sammler dominiert. Kleinviehhaltung (Schafe und Ziegen) und später die Großviehhaltung machte dann aus den Jägern und Sammlern Vieh züchtende Halbnomaden.

Zwischen 1700 und 1800 überschritten sie den Kunene und zogen weiter nach Süden. Zuerst siedelten die Herero aber nicht im Kaokoveld, sondern in dem weiten Grasland nördlich der Etoscha-Pfanne. Von dort wurden sie jedoch bald von den hier lebenden Ovambos ins trockenere, gebirgige Kaokoveld vertrieben.

Nach einigen Generationen wanderten viele Hereros weiter nach Süden in flachere Regionen, die sich besser zur Viehzucht eigneten. Ein Teil blieb jedoch zurück. Diese Kaokoveld-Herero mussten bittere Auseinandersetzungen mit den benachbarten Nama bestehen, die ihnen zwischen 1850 und 1870 den größten Teil ihres Viehs raubten.

Deshalb gingen viele Bewohner des Kaokovelds wieder über den Kunene nach Norden zurück, wo sie Schutz bei verwandten Stämmen suchten. Hier wurden die verarmten Flüchtlinge wohl erstmals Himba-Herero oder Ova Himba genannt, das bedeutet Bettler. Doch dies ist nicht sicher. Nach einer anderen Theorie heißt Ova Himba »das Volk, das prahlt« – vielleicht wegen seiner großen Rinderherden. Andere wiederum übersetzen Himba mit »das Volk, das am Fluss wohnt«, und beziehen sich hierbei auf den Siedlungsschwerpunkt am Kunene.

Jedenfalls kamen in diesen Zeiten der Wanderungen die Namen Tjimba und Himba für die Bewohner des Kaokoveldes auf. Dadurch waren sie von den nach Süden ziehenden Herero abgegrenzt. Dabei sind Himba Rinderzüchter, die wenig anbauen, Tjimba dagegen besitzen oft nur Kleinvieh und leben von ihren Gärten. Da sie außerdem Sammler sind und auch Wurzeln ausgraben, soll sich der Name Tjimba von dem Herero-Wort für Erdferkel ableiten. Hierin drückt sich die Verachtung der stolzen Hirten gegenüber den grabenden Sammlern aus, denn diese leben in deren Augen wie Erdferkel.

Aus ethnologischer Sicht lassen sich die drei Bezeichnungen Tjimba, Himba und Herero nicht erklären, sie weisen lediglich auf unterschiedliche Lebensschwerpunkte und Besitzverhältnisse hin. Dabei sind diese Gruppen des Kaokovelds miteinander eng verwandt.

Der Grund für all die Wanderungsbewegungen der Halbnomaden ist unklar. War es der Druck der anwachsenden Bevölkerung, der zum Umherziehen zwang, war es die Suche nach besseren Weiden für die immer größeren Herden, oder versuchte man den Sklavenjägern auszuweichen?

Auf jeden Fall waren die Himba auf ihren Wanderungen den straff organisierten Nachbarstämmen stets unterlegen, weil sie Häuptlinge mit übergreifender politischer Autorität nicht kannten, sondern nur Familienoberhäupter. Sie mussten immer wieder ausweichen und in weniger ertragreiche Gegenden ziehen. Auch waren diese Wanderungen nicht etwa Züge eines geschlossenen Stammes – keine Völkerwanderung – sondern nur Bewegungen einiger Familien. Sie erfolgten über einen längeren Zeitraum hinweg, und oft blieben einige Familien zurück. Manchmal lagen am Ende Siedlungen benachbarter Stämme zwischen den Gruppen, wodurch sich die gesamte Einwanderungsgeschichte als äußerst komplex und örtlich sehr unterschiedlich darstellt.

1884 begann die deutsche Kolonialherrschaft im damaligen Deutsch-Südwestafrika, die mit der Kapitulation der Schutztruppe 1915 endete. Die deutsche Kolonialverwaltung war zu schwach, um sich um das unwirtliche Gebiet zu kümmern. Man versuchte das Land zu isolieren, um Grenzstreitigkeiten zu unterdrücken und den regen Elfenbeinhandel zu unterbinden. Die vormals fließenden Grenzen der Nomaden wurden durch präzise Grenzlinien ersetzt. Auf diese Weise wurden alte Handelsbeziehungen unterbrochen, später erfolgten überdies Umsiedlungen, um einen Pufferstreifen zwischen dem Kaokoveld und dem Farmland der weißen Siedler im Süden zu erhalten. Im Kaokoveld schlossen sich daraufhin viele einem einflussreichen Herero-Führer namens Vita Tom (»Krieg«) an, der vom südlichen Angola aus großen Einfluss hatte. Daneben scharte er um 1906 auch Reste der im Hereroaufstand von der Deutschen Schutztruppe geschlagenen Krieger um sich.

Als sich die Bedingungen in der portugisischen Kolonie Angola zu ungunsten der Himba veränderten und auch die deutsche Verwaltung 1915 in Südwestafrika beendet war, zog Vita Tom mit seinen Anhängern (Himba und Herero) über den Kunene nach Süden. Im Laufe der Zeit wanderten viele Hereros weiter, die Himba blieben im Kaokoland.

Danach wurde Südwestafrika im Auftrag des Völkerbunds beziehungsweise der Vereinten Nationen durch Südafrika verwaltet. Anfangs war das Interesse an dem rauen, unerschlossenen Landesteil nicht groß, sogar Missionare der Kirchen und Sekten drangen nur selten dorthin vor.

1970 wurden im Rahmen der südafrikanischen Apartheidspolitik den einzelnen afrikanischen Stämmen Homelands zugewiesen, das Kaokoveld sollte als Kaokoland zum Homeland der dort lebenden Stämme werden. Das Naturschutzgebiet – schon 1907 war das Etoscha-Gebiet während der deutschen Kolonialzeit zusammen mit dem Kaokoveld unter Naturschutz gestellt worden – wurde dadurch auf den Bereich um die Etoscha-Pfanne reduziert. Die ursprünglich geschützte Fläche war fünfmal so groß wie der heutige Etoscha-Park und umfasste das Kaokoveld bis zum Kunene.

Mit Beginn des Buschkrieges der SWAPO (South West Africa People's Organisation) waren südafrikanische Truppen an den Kunene gekommen. Die SWAPO hatte 1966 mit dem bewaffneten Widerstand im Ovamboland begonnen, und die südafrikanische Regierung befürchtete eine Ausweitung ins Kaokoveld, wie sie dann um 1980 auch erfolgte. Das Kaokoveld diente daher als Pufferzone gegen die aus Angola eindringenden Truppen der SWAPO und war als Sperrgebiet isoliert.

Um schließlich eine Basis für militärische Zwecke zu schaffen und Rückhalt in der Bevölkerung zu gewinnen, begann die südafrikanische Regierung im Kaokoveld zu investieren. Brunnen wurden gebohrt, Schulen gebaut und kranke Stammesangehörige vom Militär versorgt. Hier fanden auch einige Himba Arbeitsplätze.

Nach der Unabhängigkeit Namibias 1990 kam es zu einer Neuordnung dieser Region. Heute ist Opuwo Hauptort der Provinz Kunene, deren Nordteil das Kaokoveld ist.

Palmwag ist ein häufiger Ausgangspunkt für Touren ins Kaokoveld.

Die Pad ins Kaokoveld ist lang.

Die Giraffe scheint sich über den Zebralook unseres Land Rover zu wundern.

Die seltenen Wüstenelefanten sind an ihren trockenen Lebensraum besonders gut angepasst.

Folgende Doppelseite: Im Leben der Himba gibt es auch viele ruhige Momente.

Eine alte Frau aus dem Hartmannstal

Häuptling Kano ist ein hoch geachteter Dorfältester.

Wassermangel zwingt die Himba zum Wandern.

Verlassenes Himbadorf im trockenen Hartmannstal

Das Haus wird seit langem nicht mehr bewohnt.

Solche Hütten beherbergen nachts junges Kleinvieh.

Rechte Seite: Kunstvoll gefertigtes Skelett einer Hütte

HIRTEN IM TROCKENEN KAOKOVELD

Der Lebensraum des Volkes

Das schwer zugängliche Gebiet des Kaokovelds im Norden Namibias ist die Heimat der Himba. In dieser Abgeschiedenheit konnte das halbnomadische Hirtenvolk seine ethnische Eigenart und Kultur bewahren. Ihr Lebensraum lässt sich von West nach Ost in die Küstenwüste, die Große Randstufe und das zentrale Binnenhochland gliedern.

Entlang der Atlantikküste liegt die Namib, eine der trockensten Wüstenlandschaften der Welt. Das Sanddünenmeer des Küstenstreifens zwischen Kunene und Ugab heißt wegen der vielen alten Schiffwracks auch Skelettküste und ist ein großer Nationalpark (Skeleton Coast National Park). Dieser darf nur mit einer besonderen Erlaubnis betreten werden, die für den nördlichen Teil nur sehr schwer zu erhalten ist.

Die Große Randstufe begrenzt die Küstenwüste im Osten. Sie ist ein teilweise über 2000 Meter hoher Gebirgssaum, der sich nach Westen gegen die Wüste und nach Norden zum Kunene hin mit breiten und tiefen Tälern öffnet. Im Norden bildet das Hartmannsplateau einen Übergang von rot schimmernden Sanddünen zu den Bergen mit ihren charakteristischen Felsformationen. Das Plateau fällt weiter im Osten in das weite, mit spärlichem Gras bewachsene Hartmannstal ab. Von diesem Tal führt nach einem mit Dünen durchsetzten Sandgürtel ein felsiger Steilabfall zum Kunene.

Das zentrale Binnenhochland schließt sich im Osten an die Große Randstufe an. Hier sind die ausgedehnten Hügel mit hartem Gras, Büschen und Bäumen bewachsen.

Der Kunene ist der einzige immer Wasser führende Fluss des Kaokovelds. Er entspringt im Norden, im feuchten, regenreichen Hochland Angolas, und durchfließt das aride Kaokoveld als Fremdlingsfluss. Seine Ufer sind mit Palmen, dichten Büschen und einem schmalen Schilfsaum bewachsen. Dahinter ragt das Serra-Cafema-Gebirge auf.

Der einzig größere Ort des Kaokovelds ist Opuwo, mit etwa 4000 Einwohnern der Verwaltungssitz der Provinz Kunene. Opuwo wurde 1939 Hauptort, nachdem die alte Polizeistation am Fluss wegen Malaria aufgegeben werden musste. Opuwo hat einige Läden und zwei Tankstellen zur Grundversorgung sowie eine Polizeiwache, ein Krankenhaus und mehrere Schulen. Aber die nächste Bank gibt es erst 300 Kilometer südlich.

Obwohl Opuwo im Siedlungsgebiet der Himba liegt, sind sie hier eine Minderheit unter den Ovambos, Hereros und den Flüchtlingen aus dem benachbarten Angola.

Vorhergehende Doppelseite: Eine Himbafamilie auf Wanderschaft

Links: Nach einem Regenfall scheint die Natur geradezu zu explodieren.

Eine Schotterstraße, die auch ohne Allrad-PKW befahren werden kann, führt von Opuwo nach Epupa am Kunene. An den Epupa-Fällen begleiten schlanke Palmen den Fluss, mächtige Affenbrotbäume stehen auf den Felsvorsprüngen des zerklüfteten Wasserfalls. Nach der Regenzeit stürzt das Wasser nicht nur in der engen Schlucht 40 Meter tief, sondern fällt auch in vielen kleinen Kaskaden vom Plateau herab.

Epupa wurde durch die Diskussion um den geplanten Bau eines Wasserkraftwerks bekannt. Der erzeugte Strom ist für den Süden und die Städte Namibias vorgesehen. Doch leben etwa tausend Himba im Bereich des geplanten Dammes, haben hier ihre Gärten, weitere 5000 kommen mehr oder weniger regelmäßig zum Fluss. In Zeiten starker Trockenheit ist der Kunene für viele Himba und ihr Vieh das letzte Wasser.

Die hier lebenden Himba stehen dem Damm meist skeptisch gegenüber. Entlang des Flusses finden sich nicht nur viele Gräber ihrer Ahnen, deren Verehrung für sie sehr wichtig ist, auch würden die Wanderungen ihrer Herden gestört werden. Die Hirten fürchten die ökologischen Folgen des Damms, ebenso die Verkehrserschließung und den Einfluss der vielen fremden Arbeiter während der Bauzeit.

Kunene-aufwärts an der Nordostecke Namibias und schon außerhalb des eigentlichen Kaokovelds, wo der von Norden kommende Fluss nach Westen schwenkt, liegt bei Ruacana an der Grenze zu Angola ein weiterer Wasserfall. Nach der Regenzeit stürzt das wertvolle Nass von der weiten Ebene, die sich nach Norden zieht, in einer Vielzahl von Kaskaden über 120 Meter in die Tiefe.

In der Trockenzeit fließt das meiste Wasser von dem Stausee, der etwas oberhalb der Fälle in Angola liegt, über dicke Rohre dem Kraftwerk zu, dessen elektrischen Strom sich Namibia und Angola teilen.

Die für das Land so wichtigen Niederschläge sind sehr unterschiedlich verteilt. Extrem trocken ist die Küstenwüste mit 30 bis 50 Millimetern Jahresniederschlag. Das kalte und raue Küstenklima sowie der Küstennebel können bis zu 50 Kilometer ins Landesinnere reichen. Nach Osten nimmt der Niederschlag zu, bei Opuwo werden etwa 300 Millimeter im Jahr gemessen.

Landeinwärts dann sind die Temperaturen für Savanne und Halbwüste typisch: tagsüber heiß, 35 Grad und mehr, nachts kühl.

Aufgrund des extremen Reliefs von breiten Tälern und felsigen Höhenzügen, der wechselnden Böden und der sehr ungleichen Verteilung der Niederschläge gibt es in der ganzen Region eine Vielzahl unterschiedlicher Vegetationstypen. Viele Tiere und Pflanzen sind so sehr an diese extremen Lebensräume angepasst, dass man sie nur hier antrifft.

Der dominierende Vegetationstyp des Kaokovelds ist die Mopane-Savanne. Die häufigste Baumart ist hier der tief wurzelnde Mopane-Baum, der auf sandigen Böden kleinwüchsig und strauchartig bleibt, am Rande der trockenen Flusstäler jedoch zum stattlichen Baum wird.

Der Botaniker findet außerdem eine Vielzahl von endemischen Sukkulenten und Flechten und eine botanische Kuriosität: die Welwitschia. Sie kommt auf der Ostseite der Namib vom Kuisib im Süden bis nach Angola vor und kann über tausend Jahre alt werden. Die Welwitschia besitzt nur zwei Blätter, die sich jedoch im Laufe der Jahre durch den Wind verfransen. Sie nimmt das Wasser über die Luft auf und speichert es in ihrem Inneren.

Doch auch die Tierwelt dieser Region bietet viele Besonderheiten. So ist dank der intensiven Schutzmaßnahmen die Zahl der seltenen Schwarz- oder Spitzmaul-Nashörner wieder leicht gestiegen – ihr Horn war in pulverisierter Form als Heilmittel und Aphrodisiakum begehrt.

Auch die scheuen Kaokoveld-Elefanten sind an die harten Lebensbedingungen dieses extrem wasserarmen Landes angepasst. In der Trockenzeit ziehen sie auf ihren weiten Wanderungen die Flusstäler entlang und graben hier auf der Suche nach Wasser tiefe Löcher. Aber man kann auch kleine Gruppen der Hartmann-Bergzebras, vereinzelte Springböcke, Giraffen, Oryx-Antilopen und Strauße sowie ganz selten Geparden und Braune Hyänen beobachten. Manchmal sollen Löwen aus dem Landesinneren bis an die Küste streifen. Leoparden leben jedoch nur in den äußerst abgeschiedenen Gebieten. Im Kunene gibt es zudem große Nil-Krokodile. Da sie jedoch die Strömung im Bereich der Wasserfälle meiden, sieht man ganz mutige Touristen dort bisweilen baden. Flinke Geckos und auch Skorpione kommen hier vor. Sie verstecken sich gern, gelegentlich auch im oder unter dem Zelt oder in den Schuhen! Übrigens: Die schwarzen Skorpione sind besonders gefährlich.

Und noch eine Kuriosität dieser Landschaft muss unbedingt erwähnt werden: Am Westrand der Namib und auch im Mariental fallen viele kreisrunde, vegetationslose Stellen inmitten weiter Grasflächen auf, die so genannten Feenkreise. Sie können bis zu zehn Meter Durchmesser haben. Ihre Herkunft gibt noch Rätsel auf, der Legende zufolge werden sie von tanzenden Feen verursacht.

Eine einsam gelegene Himbasiedlung

*Oben:
Vom Van Zyls-Pass bietet sich ein überwältigendes Panorama.*

Für die Kinder sind Trockenheit und Hitze ganz selbstverständlich.

Folgende Doppelseite: Die Kleinviehherde bleibt meist in der Nähe des Dorfes.

Aus Draht werden Spielzeugautos gefertigt.

Streifzug durch die Savanne

Die weite Landschaft bei Epupa ist nach ausgiebigen Regenfällen grün.

Am Morgen wird das Vieh auf die Weide getrieben.

Die Mädchen tauschen untereinander Neuigkeiten aus.

Rechte Seite: Ein kleines Dorf in der Weite der Landschaft

Meist tragen die jungen Frauen noch die traditionelle Haartracht.

Kleine Mädchen flechten ihr Haar zu zwei Zöpfen.

Folgende Doppelseite: Ein bis zum nächsten Regen verlassenes Himbadorf in der Weite des Hartmannstals.

Bald gibt es ein Gewitter. Wird es regnen?

Ruhe am Abend

Ein schattiger Rastplatz bei Otjitanda

Vorhergehende Doppelseite: Am Kunene unterhalb der Wasserfälle von Ruacana

Esel sind an das trockene Klima angepasst und dienen als Reittiere.

Rechte Seite: Klettern übt nicht nur die Geschicklichkeit, es macht auch einfach Spaß.

Mächtige Affenbrotbäume wachsen am Epupa-Wasserfall auf den Felsen.

Rechte Seite: Nach heftigen Regenfällen weitet sich der große Wasserfall.

Vorhergehende Doppelseite: Die Herkunft der Feenkreise im Hartmannstal ist immer noch ungeklärt.

Die Outa ist ein Musikinstrument, deren Klang einer Maultrommel ähnelt.

Vorhergehende Doppelseite: Die Wasserfälle bei Epupa bieten ein faszinierendes Schauspiel.

Wanderhirte

Typische Himba bei Otjitanda …

… und Etanga

Oben: Bei Ruacana stürzt der Kunene über 120 Meter in die Tiefe.

Die Wassermassen sind in einer völlig trockenen Landschaft besonders beeindruckend.

Folgende Doppelseite: Ein herrliches Naturschauspiel

Die gewaltige Kraft des Wassers ist hier deutlich spürbar.

CREME AUS STEIN UND BUTTERFETT

Die Kultur der Himba

Die enge Verwandtschaft der Himba mit den Herero zeigt sich nicht nur in der gleichen Sprache, sondern auch auf vielen anderen Gebieten der Lebensweise. Eine Vielzahl ihrer Sitten lässt sich auf einen gemeinsamen Ursprung zurückführen, und noch heute sind sie einander sehr ähnlich. Während die Herero jedoch einiges von den eingewanderten Europäern übernommen haben, mit denen sie schon seit langem in engem Kontakt leben, haben die Himba aufgrund der Abgeschiedenheit ihres Lebensraumes noch viele ihrer alten Sitten bis in unsere Zeit erhalten. Doch werden manche Brauchtümer nur noch von den Älteren und in abgelegenen Gebieten gepflegt.

Als Schutz gegen die Sonne und Insektenstiche, aber auch aufgrund ihres Schönheitsideals reiben die Himba-Frauen und -Mädchen ihren ganzen Körper, den Lederschurz und ihren Schmuck täglich mit einer Creme aus rotem Ocker und Butterfett ein. Frisch eingerieben, oder auch nass vom Schweiß, glänzen die glatten, schönen Körper im Sonnenlicht ockerrot. Doch ist ihr ranziges Butteraroma für unsere verweichlichten europäischen Nasen etwas gewöhnungsbedürftig.

Männer und Knaben verzichten übrigens auf den Zusatz von Ocker. Sie verwenden eine schwarze Creme aus Pflanzenteilen und erscheinen aufgrund ihrer dunkleren Hautfarbe wie Angehörige eines anderen Stammes.

Was wird die Zukunft für die Kinder bringen?

Der Farbstoff ist ein kirschroter bis rotbrauner Stein, der aus felsigen Hängen gegraben wird. Über weite Strecken schleppen Frauen die wertvollen Brocken in ihr Dorf. Zu Hause werden die Ockersteine dann auf einer Steinplatte zu Pulver zerrieben, dem man zur Parfümierung das Harz eines zu den Weihrauchgewächsen gehörenden Strauches hinzufügt, das viele ätherische Öle enthält. Außerdem wird die Rinde des rutenförmigen Myrrhenstrauches zu einem feinen Pulver vermahlen, mit verschiedenen weiteren aromatischen Kräutern vermengt und mit Butterfett, das in der Hitze entsprechend schnell ranzig wird, zu einer Creme verarbeitet. Die Zutaten werden in charakteristischen Gefäßen aus Rinderhorn aufbewahrt.

Viele Himba-Frauen tragen noch die traditionelle Kleidung. Diese besteht aus einem breiten Ledergürtel, der dicht mit vielen kleinen Metallkugeln besetzt ist. Über diesem Gürtel wird ein aus Ziegen- oder Kalbsfell gegerbter, gefältelter Lendenschurz getragen.

Ihrer natürlichen Schönheit sind sich die Himba-Frauen wohl bewusst, und sie lassen sich von den Touristen gern fotografieren. Bei den Männern macht sich der Einfluss der westlichen Zivilisation ausgesprochen stark bemerkbar, viele tragen T-Shirts und Jeans. Himba-Männer kommen mit der westlichen Zivilisation sehr viel stärker in Berührung. In der Zeit des Buschkrieges arbeiteten einige von ihnen als Hilfskräfte und Fährtensucher beim Militär, heute verdienen manche auf den wenigen Lodges des Kaokovelds ihren Lebensunterhalt. Eine gewisse Zahl ist auch durch meist zeitlich befristete Arbeitsverträge über ganz Namibia verstreut beschäftigt.

Alle Himba sind auf ihre Haartracht, die zusammen mit dem Schmuck ihr Alter und ihren sozialen Status aufzeigt, besonders stolz: Verheiratete Männer bedecken ihr hoch aufgetürmtes Haar mit einer Art Kopftuch, das sie wie einen Turban binden. Oft haben sie ein schmales, etwa bleistiftlanges Holzstäbchen oder einen Metalldraht über den Ohren unter das Tuch geschoben. Dies ist ein nützliches Instrument, um sich gegen das Jucken und Kratzen unter dem Turban zu wehren. Früher war dieses Kopftuch aus Leder, jetzt wird oft ein bunter Stoff bevorzugt, der jedoch meist längst die Farbe des Sandes und Staubes angenommen hat. Nur bei einem Todesfall in der Familie wird das Tuch zum Zeichen der Trauer abgenommen und das Haar ein Jahr lang offen getragen. Nachts schieben sich die Männer anstelle eines Kissens ein kleines, oft schön geschnitztes hölzernes Gestell in den Nacken, um beim Schlafen ihre Frisur nicht zu zerstören.

Die jungen, unverheirateten Männer dagegen haben den Kopf kahl geschoren, nur in der Mitte lassen sie einen Streifen Haare stehen, die sie zu einem einzelnen, über den Nacken abstehenden, spitz auslaufenden Zopf flechten. Nicht selten ist dieser Haarzopf in ein buntes Tuch eingebunden. Kommt der Jüngling ins heiratsfähige Alter, wird der große Zopf in zwei kleinere aufgeteilt.

Himba-Frauen tragen eine Vielzahl von gleich langen Zöpfen, dabei flechten sie zur Verlängerung Fäden mit in die Haare ein. Wie der ganze Körper werden auch diese Zöpfe mit der Mischung aus Butterfett und Ocker eingerieben, so dass sie wie Würste herabhängen. Nur an den Enden wird das wellige Haar sichtbar. Verheiratete Frauen tragen stolz ein kleines Krönchen aus Ziegenleder auf dem Kopf, Eremba genannt.

Witwen bedecken ihr Haupt mit einem Stück gegerbtem Kalbs- oder Ziegenleder, das wie ein Schleier getragen wird. Und junge Mädchen vor der Pubertät tragen ihre Haare in zwei kräftigen Zöpfchen, die über die Augen nach vorne fallen und bis zum Mund reichen.

Doch auch der restliche Körper wird sehr gern geschmückt: Schmale und breite Halsketten werden von Männern und Frauen gleichermaßen getragen. Schon die kleinen Kinder besitzen Halsketten, Arm- und Beinreifen. Hierbei sind die Himba-Frauen besonders stolz auf die Ohumba, eine Muschel, die um den Hals getragen zwischen ihren Brüsten hängt. Die große weiße Muschel hebt sich vom Ockerrot der Körper ab und ist an Bändern befestigt, die am Rücken mit einem breiten, mit Metallknöpfen besetzten Leder abschließen. Die Muscheln stammen von der Küste Angolas, sind nur schwer zu bekommen und entsprechend teuer – schließlich grenzt ja das Siedlungsgebiet der Himba nicht ans Meer. Oft werden sie über Generationen von der Mutter auf die Tochter vererbt. Bei den Männern ist zusätzlich zu ihrer Halskette ein Rückenschmuck sehr beliebt, bei dem die Lederbänder mit kleinen Muscheln, Drahtperlen und Metallknöpfen verziert sind.

An den Beinen tragen die Himba einen ungewöhnlichen Schmuck. Da er aus vielen kleinen Metallkugeln besteht, die auf einem breiten Leder befestigt sind, hat er ein beachtliches Gewicht.

Die Arme zieren glänzende Kupferarmbänder, die als Spirale von der Handwurzel bis fast zum Ellbogen gehen. Sie werden von Frauen und Männern gleichermaßen getragen. Außerdem findet man schmale Armreife, in die klassische, überlieferte Muster eingekerbt sind. Inzwischen sind bei diesen Bändern Metall und Leder durch Abschnitte von Kunststoffrohren ersetzt worden.

Noch vor wenigen Jahren war es üblich, den Kindern in der Jugend die unteren Schneidezähne auszuschlagen und die oberen Schneidezähne diagonal zuzuschleifen – nach traditioneller Auffassung sollte dies die natürliche Schönheit der Menschen unterstreichen. Heutzutage sieht man jedoch viele Kinder und Jugendliche, die ihre Zähne nicht mehr diesem Schönheitsideal opfern müssen. Stammt dieser Brauch aus den Zeiten des Sklavenhandels? Machten die Himba ihre Kinder dadurch für den Sklavenhändler wertlos und hofften sie, so von den Sklavenhändlern in ihren Dörfern zurückgelassen zu werden?

Durch die väterliche Abstammung (Patriklan) bekommen die Himba auch die vielen Ge- und Verbote weitergegeben, die im täglichen Leben zu beachten sind. Jeder Patriklan hat von seinen Ahnen verschiedene Verbote auferlegt bekommen, gelegentlich gelten jedoch für einzelne Familien auch noch weitere Regeln, die streng eingehalten werden müssen. Meist beziehen sich die Tabus auf das Groß- und Kleinvieh, deren Farbe, die Zeichnung des Fells, die Stellung der Hörner: So dürfen in manchen Patriklans Tiere mit einer bestimmten Fellzeichnung nicht geschlachtet und gegessen werden.

In der Sprache wird die enge Verwandtschaft der Himba mit den Herero deutlich. Die Himba sprechen Herero und gehören damit in die große Sprachfamilie der Bantu sprechenden Völker des südlichen Afrikas. Im Kaokoveld werden jedoch ganz spezielle Ausdrücke gebraucht.

Wie in vielen Kulturen ohne Schrift sind auch bei den Himba Gesang und Tanz wichtige Mittel der geschichtlichen Überlieferung. Auf diese Weise werden vor allem ihre Herkunft, die Vorfahren, historische Ereignisse, die üppigen Flusslandschaften, ihr Dorf und das Vieh gepriesen und besungen. Mit Tanz und Gesang werden die Ahnen geehrt und die Toten betrauert, andere Tänze bei freudigen Anlässen aufgeführt.

Dabei stehen die Sänger vielfach im Kreis, die Frauen auf der einen, die Männer auf der anderen Seite, alle klatschen rhythmisch in die Hände. Dann springt eine Person aus der Gruppe in die Mitte des Kreises und trägt singend ein Thema vor. Dabei beginnt sie mit den Füßen zu stampfen, das Klatschen passt sich dem Takt der Füße an, das Singen wird lauter. Mit bestimmten Schritten, die immer schneller werden, zeigt der Tänzer das Ende seines Solos an und verlässt den Kreis wieder. Daraufhin löst sich ein anderer aus der Reihe, begibt sich in die Mitte und trägt seinen Part vor. Solche Gesänge und Tänze werden bei den Himba sehr gepflegt, die Zeremonien können Stunden, aber durchaus auch mehrere Tage dauern.

Im Mittelpunkt des Familienlebens steht das heilige Feuer, dessen Hüter das Familienoberhaupt ist. Dieses Feuer brennt nur in Dorfgemeinschaften, in denen ein solches Oberhaupt lebt, nicht in den vorübergehend von Hirten bewohnten Hüttendörfern. Durch das heilige Feuer ruft der Klanchef seine Vorfahren – den verstorbenen Vater und Großvater – an und tritt mit ihnen in Kontakt. Er fragt sie um Rat und bittet um ihren Beistand. Das heilige Feuer ist klein, oft glimmen nur – kaum sichtbar – wenige Äste in der Asche.

Doch auch das Herdfeuer, auf dem gekocht wird, ist eher klein und ohne lodernde Flammen. Die Himba gehen mit Holz sehr sparsam um, weil sie es meist über weite Strecken transportieren müssen. Da aber das Holz hart und trocken ist, brennt es langsam und gibt viel Hitze.

Die heiligen Rinder, die die Hälfte einer gesamten Herde ausmachen können, stellen ein Bindeglied zwischen dem heiligen Feuer der Ahnen und der Familie dar. Die heiligen Rinder spielten, ebenso wie das heilige Feuer, vor der großen Dürre eine wesentlich wichtigere Rolle als heute. Anfang der Achtzigerjahre kam fast der ganze Viehbestand durch die Trockenheit um. Erst viele Jahre später waren die Rinder nachgezüchtet oder neu zugekauft worden. Es gibt zwei Gruppen und bis zu 36 Sorten dieser heiligen Rinder, die sich durch ihre Fellfarbe und -zeichnung oder die Stellung der Hörner voneinander unterscheiden. Die erste Gruppe bleibt mit dem heiligen Feuer verbunden und wird nur mit diesem gemeinsam weitergegeben. Werden diese Tiere vererbt, dürfen sie keinesfalls vom heiligen Feuer getrennt werden. Nur im Rahmen religiöser Feiern werden sie geschlachtet.

Die heiligen Rinder der zweiten Gruppe gelten als Bindeglieder zwischen dem heiligen Feuer und den Ahnen. Wenn der Älteste einer Sippe stirbt, wählt seine Familie aus der Herde der heiligen Rinder ein Tier für das Festmahl aus. Es wird getötet, indem man ihm die Kehle durchschneidet. Dann wird der Verstorbene in das Fell gelegt und darin begraben. Die Hörner und der Schädel des Tieres werden auf einer Stange am Grab als Schmuck aufgestellt. Je wohlhabender der Tote war, desto mehr Rinderschädel schmücken seine Ruhestätte. Über der Grabstelle werden – wie auch bei den Gräbern anderer Verstorbener üblich –Steine angehäuft; alle Begräbnisstätten sind für die Himba wichtige Orte ihres traditionellen Ahnenkultes: Hier werden heilige Rinder und Verstorbene zusammengeführt und gemeinsam verehrt.

Rechte Seite: Traditionell geschmückter Himba

Die große Muschel, Ohumba genannt, wird oft über Generationen vererbt.

Verheiratete Frauen tragen die Eremba, eine Lederkrone.

Die Verbindung unter den Frauen ist eng, und die mütterliche Abstammung spielt bei den Himba eine große Rolle.

Himbamädchen mit Brautkrone

Eine Brautkrone ist ein kostbarer Familienbesitz.

Rechte Seite: Die rote Paste wird kunstvoll in die Haare eingearbeitet.

Diese jungen Frauen wissen um ihre Schönheit.

Rechte Seite: Die Mischung aus Ocker und Butterfett schützt auch vor Parasiten.

Vorhergehende Doppelseite: Kleine Kinder und Männer reiben sich mit einer schwarzen Creme aus Pflanzenextrakten ein.

Diese kunstvoll geschnitzte Kopfstütze dient während des Schlafens dem Schutz der Frisur der Männer.

Vorhergehende Doppelseite: Der Kunene ist der einzig ständig Wasser führende Fluss der Region.

Ein Himba-Hirte auf dem Weg zu seiner Herde

Folgende Doppelseite: Himba sind Halbnomaden und folgen ihren Herden. Dieses Dorf ist nur vorübergehend verlassen.

Bei diesem Felsen …

… findet man die begehrten Ockersteine.

Vor dem Vermischen mit Butterfett werden die roten Steine fein gemahlen.

Die schwarze Creme wird auf Haut und Haare gerieben.

Rechte Seite: Der Mund eines Menschen mit viel Lebenserfahrung

Auf die tägliche Körperpflege wird viel Wert gelegt.

Kinder werden von der Mutter eingerieben.

Folgende Doppelseite: Ein Dorf in der Weite der Wüste

Muscheln werden gern in den Schmuck eingearbeitet und gelten als besonders kostbar.

Der Gürtel ist mit Metallstücken verziert.

Auch der Schmuck ist vom ockerroten Fett gefärbt.

Diese Hände haben schon viel gearbeitet.

Das wertvollste Schmuckstück ist eine große Muschel, die um den Hals getragen wird.

Der Halsring wird nie abgenommen.

Rechte Seite: Wie weit mögen diese Füße wohl schon gegangen sein?

Geschwister

Windeln sind hier selbstverständlich unbekannt.

Zur traditionellen Kleidung der Männer gehört der Lendenschurz.

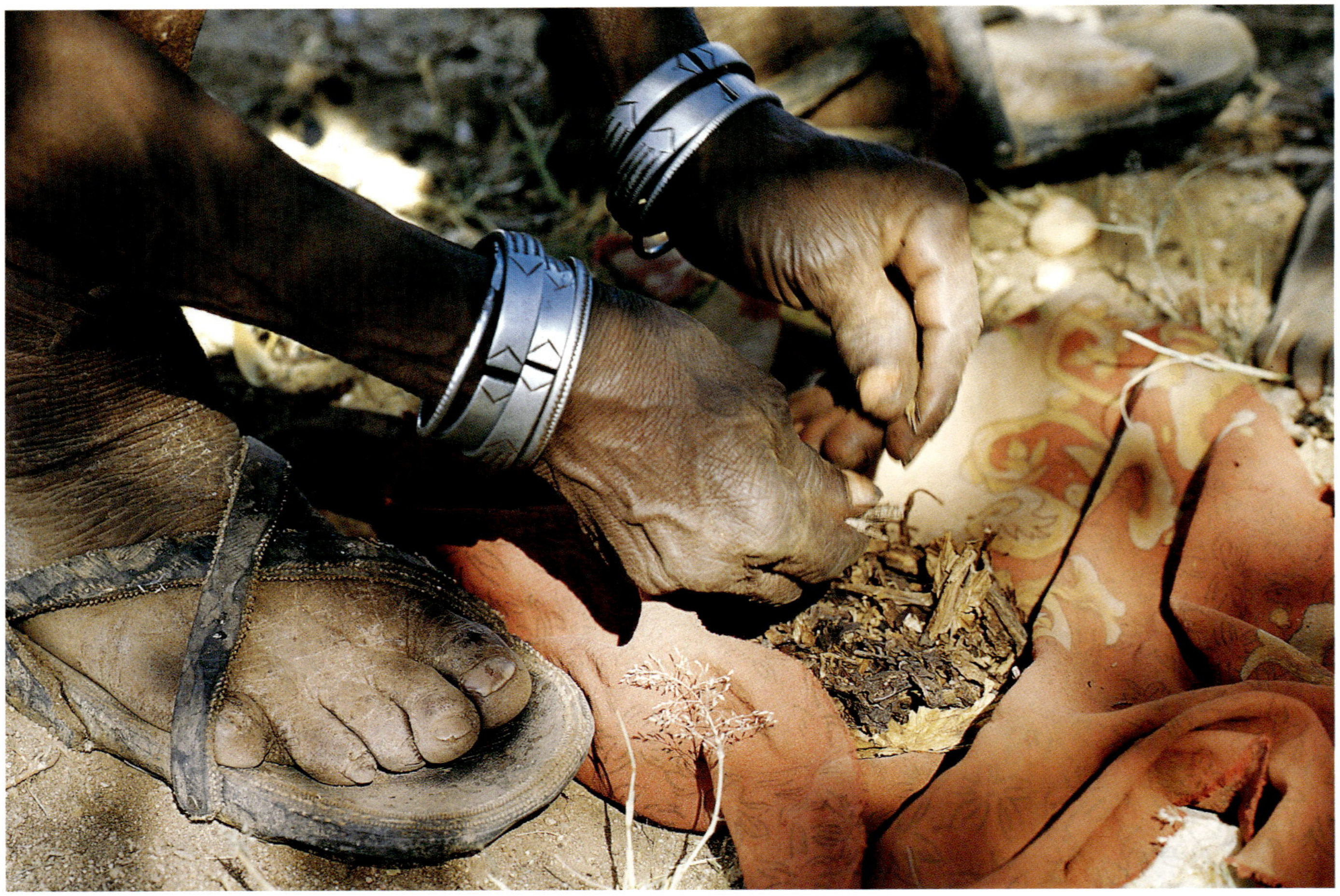

Tabak ist bei Frauen und Männern gleichermaßen beliebt.

Rechte Seite: Diese wertvolle Kette wurde aus Straußeneier-Schalen gefertigt.

Häuptling Kautaurna vor seiner Hütte

Ein Hirte in traditioneller Tracht

Folgende Doppelseite: Das Leben in dieser rauen Natur ist hart.

Zu festlichen Anlässen tanzt man im Halbkreis, es wird rhythmisch geklatscht und viel gesungen. Dabei bevorzugen Frauen die traditionelle Tracht, während die Männer in westlicher Kleidung mitfeiern.

Rechte Seite: Mit dem Tempo der Lieder steigt die Spannung.

Ein junger Himba spielt auf der Outa.

Junge Frauen befassen sich intensiv mit ihrem Schmuck.

Folgende Doppelseite: Der Kunene fließt mitten durch die Wüste, er bildet gleichzeitig die Grenze zu Angola.

Das traditionelle Grab eines Häuptlings, der eine große Herde besaß.

Ein Baum im Nichts

Die Himba sind gesellig, die Dorfjugend besucht den Lagerplatz der Gäste schon am frühen Morgen.

Rechte Seite: Die ersten Sonnenstrahlen des Tages wärmen nach einer kalten Nacht.

HAUS UND HOF IM NIEMANDSLAND

Das Zusammenleben der Himba

Es gibt heute noch etwa 8000 traditionell lebende Himba, die als Halbnomaden ihren Herden hinterherziehen. Hier im Kaokoveld sind neben den Himba auch Herero, Ovambo sowie andere, kleine Stämme ansässig. Die Siedlungsgrenzen all dieser Gruppen sind fließend und ändern sich nicht nur mit den Jahreszeiten, sondern auch von Jahr zu Jahr.

Die Himba betrachten den Grund, auf dem sie siedeln, stets als gemeinschaftliches Stammesland, das keinen individuellen Eigentümer hat. Es kann weder gekauft noch getauscht werden. Privater Landbesitz existiert nicht, auch der Dorfälteste verwaltet nur den Boden für seine Familie und hat kein alleiniges Nutzungsrecht. Doch kann sich ohne seine Zustimmung niemand in seinem Einflussbereich ansiedeln oder einen Garten anlegen.

Ein Himba-Dorf, das über mehrere Jahre benutzt wird, ist ein wichtiger Stützpunkt der Großfamilie. Ein Mann lebt hier mit seinen Frauen und Kindern und oft auch mit seinen unverheirateten Brüdern. Manchmal sind noch Verwandte da, die nicht selten monatelang im Dorf bleiben. Besonders wichtig ist, dass sich eine Wasserstelle in der Nähe befindet, die das ganze Jahr über zur Verfügung steht – dies kann eine natürliche Quelle sein oder ein mehrere Meter tiefer Brunnen in einem trockenen Flussbett.

Zubereitung des Abendessens

Der Hausbau ist Aufgabe der Frauen. Dazu wird ein Gerüst aus kleinen Mopane-Stämmen mit einem Gemisch aus Sand und Kuhmist bedeckt. Im Inneren findet man eine traditionelle Aufteilung: auf der einen Seite die wenigen persönlichen Gegenstände des Mannes, auf der anderen die der Frau sowie die Küchengeräte und Kalebassen für verschiedene Verwendungszwecke.

Bei einem Umzug lässt man das Haus einfach stehen, um es bei der Rückkehr vor der nächsten Regenzeit wieder neu zu verputzen.

Ein kräftiger Außenzaun umgibt das ganze Dorf, in dessen Mitte ein weiterer Zaun den Rinderkral einfasst. Junge Schafe und Ziegen haben ihre eigenen kleinen Gehege. Die drei bis fünf – gelegentlich auch mehr – Hütten sind nach traditionell festgelegtem Muster in einem Kreis um den Rinderkral angeordnet. Eine zentrale Rolle spielt dabei der Platz des heiligen Feuers zwischen den Hütten und dem Bereich für das Vieh.

Für den Hausbau und den großen Rinderkral werden viele kleine Baumstämme benötigt, so dass sich im weiten Umkreis des Dorfes meist kein Baum mehr findet. Durch die Überweidung kommt in der Nähe der Siedlungen auch kein neuer Bewuchs auf.

Die Himba haben großen Respekt vor ihren Ahnen, mit denen die Ältesten immer wieder in Kontakt treten. Damit sie weiterhin am Leben der Familie teilnehmen können, wird für die Ahnen stets ein besonderer Platz am heiligen Feuer freigelassen. Hier finden alle wichtigen Entscheidungen wie zu Eheschließungen und Begräbnisriten statt, hier wird die Nutzung der Weiden durch die verschiedenen Linien der Familie geregelt, die Aufteilung der Herden und der Zug zu neuen Weiden beschlossen.

Die Himba gehören zu den wenigen Gemeinschaften in der Welt, deren Sozialstruktur von zweifacher Abstammung geprägt ist. Jeder Himba wird sowohl in die mütterliche als auch in die väterliche Linie hineingeboren. Diese Abstammungslinien prägen die Menschen ihr ganzes Leben lang. Dabei ist die Bedeutung der Mutterlinie sehr groß. Dies wird schon dadurch deutlich, dass jeder Himba nur einer Vaterlinie, aber drei Mutterlinien angehört. Mit seiner Geburt steht er in der Mutterlinie seiner Mutter, gleichzeitig aber gehört er der Mutterlinie seines Vaters und der seines Großvaters väterlicherseits an.

Nach der Überlieferung der Himba gibt es sieben Mutterlinien, deren Stammmütter die Töchter und Enkelinnen einer gemeinsamen Urmutter sind. Jeder Herero und jeder Himba gehört zu einer dieser Linien. Auf diese Weise sind übrigens auch viele andere Herero sprechende Gruppen in Namibia, Nordwest-Botswana und Süd-Angola mit ihnen sowie untereinander verwandt.

Darüber hinaus rechnet sich jeder Himba und Herero zu einer der über zwanzig Vaterlinien. Alle Hauptlinien besitzen eine Vielzahl von Unterabteilungen, zudem bestehen daneben noch andere Sozialgruppierungen. Dieses weit verzweigte, komplizierte Verwandtschaftssystem führt dazu, dass jeder einzelne Himba im ganzen Kaokoveld Familienangehörige hat, die sich gegenseitig helfen und unterstützen. Dies ist ein wesentlicher Grund der Überlebensfähigkeit dieses Volkes in den Zeiten der Dürre und seiner generell bemerkenswerten Anpassungsfähigkeit.

Die väterliche Linie bestimmt den Wohnort und garantiert die Heimat in der Familie und im Dorf, sie ist auch für das Alltagsleben von Bedeutung. Vom Vater gehen meist das heilige Feuer, die damit verbundenen heiligen Kühe sowie die Stellung in der Dorfgemeinschaft auf den Sohn über.

Obwohl die Frau mit der Hochzeit die Vaterlinie ihres Mannes annimmt und zu ihm zieht, überwiegt doch klar die gesellschaftliche Bedeutung der Mutterlinie, sie bestimmt das Erbe und den materiellen Wohlstand. Bei den Himba geht das Vieh des Vaters nicht auf seinen Sohn über, sondern auf den Neffen, den Erstgeborenen der Schwester des Vaters. Der Sohn erbt die Herde vom Onkel mütterlicherseits, wobei viele weitere Familienangehörige mit einzelnen Tieren bedacht werden. Da die erbenden Verwandten meist nicht am selben Ort wohnen, kann es im Erbfall zu weiten Wanderungen der Herden kommen.

Im Übrigen gehören zu den Aufgaben der Frauen neben der Kindererziehung das Melken der Kühe und die Verarbeitung der gewonnenen Milch. Sie besorgen Wasser und Feuerholz, sammeln Früchte, sind für den Anbau in den Gärten zuständig und bereiten das Essen zu.

Die Himba kennen aus ihrer Vergangenheit keine vererbbare Häuptlingswürde, auch ist ihre Sozialordnung nicht hierarchisch strukturiert. So kann die Würde des Dorfältesten vom Vater auf den Sohn übergehen, muss es aber nicht. Wohlstand und Geschick im Umgang mit Mensch und Vieh sind mit entscheidend.

Eine Himbahütte ist nur mit dem Notwendigsten ausgestattet.

Das Holz für den Zaun
des Rinderkrals …

… muss oft über weite Strecken zum Dorf gebracht werden.

Nachmittagsruhe im Himbadorf

Vor langer Zeit sind die Himba von hier aus weitergezogen.

Folgende Doppelseite: Sonnenaufgang im Hartmannstal

Abendstimmung am Kunene bei Ruacana

Rechte Seite: Die Nacht senkt sich über das Dorf Okatjimbombo.

Kinder bedeuten auch für die Himba Zukunft.

Unterwegs zu Verwandten

Leben am Rande der Wüste

Am Feuer in der Hütte

Rechte Seite: Im letzten Tageslicht

Folgende Doppelseite: Die Berge Angolas leuchten über dem Kunene.

WANDERN MIT DEN RINDERN

Hirtenleben und Tauschwirtschaft

Die wichtigste Lebensgrundlage der Himba sind ihre Rinder, auf die sie traditionell auch sehr stolz sind. Nach einer alten Überlieferung dieses Volkes haben Mensch und Rind eine gemeinsame Abstammung, demnach sind nämlich beide aus dem Omumborongbonga-Baum, dem Ahnenbaum, hervorgegangen. Dies begründet auch die hohe Achtung, die dem Vieh entgegengebracht wird.

Himba und Herero erzählen, dass die Rinder aus dem Norden kamen, vor den Rindern besaßen sie den Erzählungen der Alten nach jedoch schon Schafe und Ziegen.

Die Himba sind aufgrund ihres Könnens als Viehzüchter und des umfassenden Wissens um die ökologischen Zusammenhänge ihres kargen Umfelds Meister in der Herdenhaltung. Wegen ihrer großen, stattlichen Herden sind sie auch von ihren Nachbarn als hervorragende Viehzüchter anerkannt. So gibt es reiche Himba mit mehr als 500 Rindern und einigen hundert Stück Kleinvieh.

Während die von den Kindern gehüteten Ziegen und Schafe meist im weiteren Umkreis des Krals bleiben, ziehen die Viehhirten der Rinder als Nomaden dem Regen nach, um die spärlich mit mehrjährigen Gräsern bewachsenen Geröll- und Sandflächen sowie die schroffen Hänge der Gebirge zu nutzen.

Links: Im ersten Morgenlicht werden die Rinder aus dem Kral getrieben.

Mit den zähen, breit gehörnten Rindern dringen sie entlang der ausgetrockneten Flussbette weit nach Westen in die dürre Namib vor. Schlanke Hunde bewachen dabei die Herden. Die dem Klima gut angepasste Rinderrasse gibt nur wenig Milch, die sich das Kalb mit den Himba teilen muss.

Nach der Regenzeit können sich die Tiere am nährstoffreichen Gras satt fressen und wachsen prächtig. In der kargen Trockenzeit magern die Tiere ab, dann sind vor allem die abgeworfenen, verwelkten Blätter der Bäume nicht nur für die Ziegen eine wichtige Nahrungsquelle.

Zu Beginn der achtziger Jahre trat eine schlimme Dürrekatastrophe ein, die viele Herden beinahe auslöschte, es verdursteten 80 bis 90 Prozent der Rinder. Schafe und besonders Ziegen sind gegenüber der Trockenheit zwar widerstandsfähiger als Rinder, aber auch hier gab es große Verluste. Es dauerte Jahre, bis die Herden wieder auf dem alten Stand waren.

Zur besseren Nutzung der Weiden werden große Herden aufgeteilt, Muttertiere und ihre Kälber bekommen die besten Plätze in der Nähe des Dorfes, die robusten Ochsen müssen sich mit den weiter entfernten und kargen Gründen begnügen.

Da es sehr wichtig ist, die einzelnen Tiere auseinander zu halten, ihre Herkunft und ihren Besitzer benennen zu können, gibt es eine Vielzahl von Begriffen, die die unterschiedliche Stellung der Hörner, die Fellfarbe und die -zeichnung beschreiben.

Da insbesondere junge Hirten noch wenig eigenes Vieh haben und erst langsam ihre eigene Herde aufbauen müssen, nehmen sie meist noch Leihvieh mit. So können sie sich als gute Hirten bewähren, und Weiden sowie Arbeitskräfte werden optimal genutzt. Diese Tiere stammen nicht selten von Verwandten, die sie verliehen oder verschenkt haben. Oder aber der zukünftige Erbe hat bereits einen Teil des Viehs als Leihgabe erhalten.

Die Routen der Herdenwanderungen werden von den Familienoberhäuptern lange und ausführlich diskutiert und sind von den Hirten genau einzuhalten. Dabei sollen die wenigen permanenten Wasserstellen und die Weiden am Fluss für die spätere Trockenheit geschont werden. So hat jeder Haushalt Weidegründe, die er über Jahrzehnte nur zu Zeiten der Trockenheit benutzt und die von anderen Familien nur nach Absprache beweidet werden dürfen.

Jede Himba-Familie gehört einem Dorf an. Hier haben sie ihre Gärten, und hierher kommen sie mit ihren Herden immer wieder. In diesen Dörfern bleibt meist ein Teil der Familie zurück. Dies sind durchweg die Frauen mit ihren Kleinkindern sowie die Alten mit dem Kleinvieh, den Ziegen und Schafen sowie einigen Rindern als Milchlieferanten. Auch Esel sieht man hier, sie werden als Lasttiere und zum Reiten in geringer Zahl gehalten, Pferde sind dagegen selten.

Falls die gesamte Familie das Dorf einmal vorübergehend verlässt, meist in Zeiten großer Trockenheit, werden die Eingänge im Zaun mit dornigem Gestrüpp verschlossen.

Die Grundnahrung der Himba besteht aus saurer Milch und Buttermilch sowie Mais- und Hirsebrei, jahreszeitlich ergänzt durch wilde Früchte, Nüsse, Beeren, Wurzeln und Kräuter. Besonders in Zeiten der Trockenheit sind die Nüsse der Makalani-Palme (Omarunga nuts), die in den Galeriewäldern entlang des Kunene wächst, sehr geschätzt. Butter wird nicht nur als Nahrungsmittel, sondern auch für die tägliche Hautpflege benötigt. Zu deren Herstellung schwenken die Frauen Milch in einer Kalebasse, die an einem Ast aufgehängt ist, stundenlang herum.

Das Getreide, also Mais und Hirse, sowie Kürbisse und Bohnen werden zum Teil selbst in den Gärten angebaut oder von fahrenden Händlern – vor allem gegen Vieh – eingetauscht. Die Gärten werden in der Nähe des Krals auf ebenem Gelände, beispielsweise entlang eines ausgetrockneten Flusslaufs, angelegt. Auch im Schwemmland des Kunene liegen beiderseits Gärten. Sie alle sind von einem etwa zwei Meter hohen Zaun aus senkrecht stehenden dünnen Baumstämmen umgeben, die in den Boden eingegraben und miteinander durch Astwerk verflochten sind. Während die Errichtung und der Unterhalt des Zauns Aufgabe der Männer ist, sind die Frauen für den Anbau zuständig. In einem Jahr sind mehrere Ernten möglich.

Der Mais wird nach dem ersten Regen im November ausgebracht. Die Aussaat erfolgt immer nur in einem Teil des Gartens, dadurch erstreckt sich die Erntezeit über einen längeren Zeitraum, und das Risiko von Dürreschäden wird verringert.

Ihren Fleischbedarf decken die Himba meist durch Ziegen und Schafe, doch bei festlichen Gelegenheiten werden auch Ochsen geschlachtet. Es ist üblich, die Tiere durch Ersticken zu töten. Den Schafen und Ziegen werden dabei Nüstern und Maul zugehalten, Rindern drückt man am Boden die Kehle ab. Bei dieser Todesart fließt kein Blut – eine Respektsbezeugung der Himba gegenüber dem Tier. Nur bei traditionellen Schlachtungen zu Begräbnissen wird eine andere Todesart gewählt.

Ein junges Mädchen aus Okatjimbombo

Der Himba Amos ist christlicher Priester bei Epupa.

Der Lehrer Asser Tjambirou mit seiner jungen Frau

Häuptling Kapika von Epupa war schon einmal in Deutschland.

Folgende Doppelseite: Die atemberaubende Weite des Hartmannstales

Der Land Rover war selbst im extremsten Gelände ein zuverlässiger Begleiter.

Das exklusive Serra Cafema Camp am Kunene

UNGEWISSE ZUKUNFT

Wohin gehen die Himba?

Auf den ersten Blick scheint die Zukunft des Stammes gesichert: Da in der letzten Zeit durch die medizinische Basisversorgung die Kindersterblichkeit gesunken ist, haben die Bewohner des Kaokovelds viele Nachkommen. Nur etwa ein Drittel der Kinder besucht eine Schule. Die Himba befürchten aber, dass ihre Kinder durch den Kontakt mit der westlichen Lebensweise aus ihrer Tradition gerissen werden und den für sie so wichtigen Respekt vor den Ahnen und Eltern verlieren. In den wenigen größeren Dörfern gibt es stationäre Lehreinrichtungen, und Zeltschulen ziehen den Nomaden hinterher.

Doch nach der Schulzeit haben die Kinder das Hirtenleben verlernt. Und da es für sie dann kaum Arbeitsplätze gibt, stellt sich die Frage nach den Alternativen. Etwa ein Leben in einem Elendsviertel am Rande der Städte? Eine Veränderung der alten sozialen Organisation der Dorfgemeinschaft scheint unvermeidlich, denn der Wegfall der Handelshemmnisse seit der Unabhängigkeit, der einsetzende Tourismus, Missionierungsversuche der Kirchen, Lohnarbeit und die Bekanntschaft mit Geld haben zu einem schleichenden Verlust vieler Traditionen geführt. Weitere Probleme kamen hinzu. So haben das Militär sowie Hilfsorganisationen inzwischen eine Vielzahl von Dorfbrunnen errichtet. Dadurch steht den Bewohnern immer Wasser zur Verfügung, sie stocken die Herden auf und lassen sie viel länger in der Nähe des Dorfs, als es die sensible Umgebung verträgt. Die Folgen sind Überweidung und Versteppung im Umkreis der Brunnen. Die Erosion schreitet voran, widerstandfähige Dornbüsche, die vom Vieh verschmäht werden, breiten sich aus.

Links: Die Hände von Häuptling Kano

Malaria ist ein altes, großes Problem für die Himba, neu dazu kommen nun Aids und Alkoholismus, ganz wie in den Nachbarregionen. Das wenige Geld, das man beim Verkauf von Vieh erlöst, wird oft bei fahrenden Händlern in Alkohol umgesetzt.

Das Kaokoveld, durch die Apartheid-Politik bis 1990 abgeschottet, ist ein attraktives Reiseland geworden. Die Touristen suchen hier Abenteuer, Natur und ursprüngliche Kultur. In den Reiseprospekten werden die Himba als freundlich und völkerkundlich interessant vorgestellt. Reiseveranstalter sind daran interessiert, dass das so bleibt, denn sie verdienen gut daran. Zwar sind Touristen für die Himba eine der wenigen Einnahmequellen, doch hat die Berührung mit der westlichen Welt nicht nur Vorteile. Für Fotos mit traditionellem Schmuck und Kleidung bekommen sie Geschenke wie Nahrungsmittel, Süßigkeiten und Tabak. Und da Reichtum und Lebensstil ihnen ständig vor Augen geführt werden, verleitet es die Kinder zum Betteln. Mancher verkauft sogar seinen Familienschmuck an die Touristen. Dies kann nicht der richtige Weg sein.

Nur ein dauerhaft begrenzter Tourismus ermöglicht es den Himba, ihre Entwicklung selbst zu bestimmen. So haben sie beispielsweise mit den Lodges, die von einzelnen Dorfgemeinschaften betrieben werden, einen wichtigen Schritt gemacht. Denn diese bringen der Gemeinschaft Arbeitsplätze und Geld für Investitionen und machen den Tourismus im Kaokoveld berechenbarer.

Doch die Himba haben schon viele Anpassungen an veränderte Lebensbedingungen erlebt, denn schließlich sind Kultur und Tradition nicht statisch und entwickeln sich ständig weiter. Und wenn man dieses Volk über seine Zukunft selbst entscheiden lässt, wird es auch die neuen Herausforderungen überstehen – auch wenn die Himba vielleicht verändert und möglicherweise ohne Ocker und Lendenschurz daraus hervorgehen.

Wir haben einigen langjährigen Kennern des Landes sowie den Himba selbst einige Fragen zu ihrer Zukunft gestellt. Die unterschiedlichen Antworten machen deutlich, dass der Weg dieses Volkes noch ungewiss ist.

Wollen Sie trotz ihrer westlichen Kleidung wie ihre Eltern leben? Sind die Touristen ein Problem?

Mohrog, Sohn des Häuptlings Kanu: »Ich habe die Tradition vom Vater bekommen und will sie beibehalten. Im Dorf trage ich traditionelle Kleidung. Die Touristen sind kein Problem, sie sind gut für die Gegend und die Himba, da sie uns Maismehl und Zucker geben.«

Was bringt die Zukunft, wie können die Traditionen überleben?

Kapika, ein alter, einflussreicher Häuptling: »Man muss das, was man von den Eltern bekommen hat, weitergeben, die Tradition bleibt so erhalten. Der geplante Staudamm ist ein großes Problem für die Zukunft, die Touristen nicht.«

Lernen die Kinder in der Schule etwas über die Traditionen ihres Volkes?

Lehrer Asser Tjambirou: »Die Kinder lernen Lesen, Schreiben und Englisch. Sie lernen aber auch viel über das Leben der Himba.«

Welche Stelle nimmt die Religion heute bei den Himba ein, sehen Sie einen Traditionsverlust?

Himba Amos, Priester der Kirche »Mission-Work for Jesus Christus«: »Die Himba leben in ihrer Tradition, alles ist auf die Vorfahren bezogen. Die Ahnen werden verehrt, das bleibt auch so, aber die christliche Religion wird zusätzlich akzeptiert. Da die Leute kein Geld haben, müssen sie traditionell leben.«

Wie schaut die Zukunft der Himba aus?

Jürgen Brodtmann, einer der ersten Tour-Guides im Kaokoveld, Mitbegründer des Camps in Palmwag: »Während des Krieges haben viele Himba beim Militär gearbeitet und dabei auch andere Gegenden Namibias kennen gelernt, Wünsche wurden geweckt. Dies haben sie mit heim in ihre Dörfer gebracht. Ich glaube, die Himba haben keine Chance gegen die westliche Welt, gegen Konsum und Alkohol. Ihre Traditionen und Stammesgebote können dem einfach nicht standhalten. Die Himba werden in den nächsten zehn bis fünfzehn Jahren in den Nachbarvölkern aufgehen und ihre Eigenständigkeit verlieren – so wie die Buschleute, die inzwischen ja ebenfalls als Stammeseinheit verschwunden sind.«

Was hat sich in den letzten Jahren geändert, und wie wird es in zehn Jahren sein?

Eric Reinhardt, im Kaokoveld als Soldat und Erbauer einer Lodge am Kunene, jetzt als Tour-Guide: »Vor 1990 lebten die Himba geschützter. Die vielleicht fünfzig Touristen im Jahr durften sich nur auf festgelegten Routen bewegen. Das Militär brachte während der Dürre Wasser und Nahrungsmittel, verteilte Malaria-Tabletten und baute Brunnen. Zu dieser

Zeit kamen auch keine Herero und Ovambo aus den Nachbargebieten ins Kaokoveld. Und heute? Die Familien fallen auseinander, die jungen Männer arbeiten in Windhoek oder in den Minen, die Kinder sind in der Schule. Wenn wir in zehn Jahren wiederkommen, werden sie eine andere Kultur haben. Vielleicht leben sie dann wie die Herero heute, beinahe westlich. Doch immerhin findet bei vielen Stämmen eine Rückbesinnung statt, vielleicht wird es so etwas auch bei den Himba geben.«

Wie können die Himba den Herausforderungen der Zukunft begegnen?

Margaret Jacobsohn, Ethnologin, lebte lange bei den Himba und leitet jetzt verschiedene Projekte im Kaokoveld: »Die Himba haben das Recht, Bürger im modernen Namibia zu sein. Es gibt positive Entwicklungen, zum Beispiel die Zeltschulen, in denen die Kinder Englisch lernen, eine wichtige Grundlage für das Arbeiten im Tourismus. Regionale Zusammenschlüsse einiger Dörfer bauen Touristenzentren auf, sind Geschäftspartner von Reiseunternehmen und Teilhaber von Camps. Die rechtliche Lage ihres kommunalen Grundbesitzes hat sich gebessert. Ich sehe das positiv. Schon am Ende der großen Dürre, die viele Himba nur in Lagern des Militärs und des Roten Kreuzes überlebten, sagte man, nun haben sie ihre Rinder und damit ihre Kultur verloren. Aber sie kamen mit einem gekräftigten Gemeinwesen zurück. Das starke, flexible soziale System ging gestärkt aus der Krise hervor, und das ist wichtiger als Ocker und Fell-Kleidung.

Viele sind sehr pessimistisch, da sie nur ihr kleines, eigenes Umfeld sehen. Doch der Pessimismus der Reiseveranstalter und Guides ist oft berufsbedingt.

Vielleicht wird man in fünfzehn Jahren keine ockergefärbten und mit einem Lederschurz bekleideten Himba mehr sehen, doch das sind Äußerlichkeiten. Die Himba haben immer erfolgreich Pläne geschmiedet, haben am heiligen Feuer gesessen und diskutiert, wie die Weiden zu nutzen sind. Diese Fähigkeit, vorausschauend zu planen und gut zusammenzuarbeiten, wird sich auch in den regionalen Zusammenschlüssen der Dorfgemeinschaften bewähren. Mit ihrer intakten Gesellschaftsstruktur werden sie ihren eigenen Weg finden.«

Sonnenaufgang über den Hartmannsbergen

Ein Hirte am Stausee

Verlassene Himba-Siedlung am Kunene

Der Mais wird auf Steinen gemahlen. Die Kalebasse wird zur Butterherstellung stundenlang geschwenkt.

Folgende Doppelseite: Das Hartmannsplateau ist eine der faszinierendsten Landschaften der Erde.

Wohin geht der Weg für die Himba?

REISEHINWEISE

Touristen sind für die Himba eine gern gesehene Einnahmequelle. Doch darf man die natürliche Freundlichkeit gegenüber Fremden nicht überstrapazieren.

Wenn man Personen, Hütten oder Vieh fotografieren will, sollte man vorher fragen.

Eine Himba-Siedlung oder eine Hütte sollte man nur auf Einladung betreten.

Es ist angebracht, um Erlaubnis zu bitten, wenn man in der Nähe einer Siedlung zelten will oder sich an einer Wasserstelle Wasser holt. Da Feuerholz im Umkreis der Siedlungen meist knapp ist, muss man es selbst mitbringen.

Meist wird man aufgefordert, einige Geschenke dazulassen. Dabei sind Tabak, Schnupftabak, Zündhölzer, Zucker, aber auch Maismehl sehr beliebt. All die genannten Waren kann man günstig in Opuwo kaufen. Obwohl die Himba oft nach Arzneimitteln verlangen – insbesondere gegen Schmerzen aller Art – sollte man nicht wahllos Medikamente verteilen, wenn man nicht Arzt oder Apotheker ist. Insbesondere die Notwendigkeit einer längeren und regelmäßigen Einnahme ist ihnen nur schwer verständlich zu machen. Alkohol darf als Geschenk grundsätzlich nicht mitgebracht werden, auch wenn darum gebeten wird.

Der Lebensraum der Himba ist das Kaokoveld, eine der abgelegensten Regionen im Nordwesten Namibias mit wilden Flusstälern, zerklüfteten Gebirgen und weiten Ebenen. Die befahrbaren Pisten im Kaokoveld sind in schlechtem Zustand und nicht beschildert. Nicht selten sind die Fahrspuren kaum erkennbar. Hier kommt man nur langsam vorwärts.

Es gibt nur einige wenige, meist recht exklusive Logdes und Zeltplätze am Rande des Kaokovelds. Übernachtet wird daher oft einfach in der Wildnis. Das Fehlen der Infrastruktur macht das Reisen sehr teuer, wenn man nach europäischer Art von Lodge zu Lodge fährt.

Die meisten Touristen besuchen das Kaokoveld im Rahmen einer Fly-in-Safari, wie sie von verschiedenen Unternehmen angeboten wird. Man übernachtet in einer der Logdes, wo man gut betreut wird und mit erfahrenen Führern die Umgebung und die benachbarten Himba-Dörfer erkunden kann.

Eine andere Möglichkeit ist, sich allein oder mit einer kleinen Reisegruppe einem erfahrenen Führer anzuvertrauen. So lässt sich mit dem Geländewagen das Land erkunden und ein individuelles Reiseprogramm zusammenstellen.

Fahrten auf eigene Faust sollten nur mit entsprechender Erfahrung, sehr gut ausgerüstet und mit einem geländegängigen Fahrzeug unternommen werden. Die Abgelegenheit des Gebietes und seine sensible Ökologie verlangen eine besonders gründliche und wohl überlegte Reiseplanung. Auch wenn einzelne Strecken (Palmwag – Opuwo – Epupa-Falls) außerhalb der Regenzeit bei vorsichtiger Fahrweise mit einem normalen PKW durchaus befahrbar sind, ist im gesamten Kaokoveld ein gutes Allradfahrzeug mit großer Bodenfreiheit erforderlich. Zwei Ersatzreifen, Wagenheber, Luftpumpe, Schaufel, Winde mit Seil und Werkzeug müssen ebenso wie gute Karten und möglichst GPS zur Ausstattung gehören, und natürlich sollte der Fahrer damit umgehen können. Zudem benötigt man unbedingt ausreichende Benzinreserven (Reservekanister), da der Spritverbrauch im schweren Gelände und tiefen Sand groß ist. Im Falle einer Panne ist man auf sich selbst gestellt.

Als schwierigste Pass-»Straße« im Kaokoveld gilt der Van-Zyls-Pass durch die Otjihipa-Berge, westlich von Otjitanda. Die meist sehr enge Spur besteht aus grobem Geröll und scharfen Gesteinsbrocken, die Steigungen sind teilweise extrem. Der Pass wird deshalb meist abwärts, von Ost nach West, befahren. Für die etwa zehn Kilometer lange Strecke werden rund drei Stunden benötigt. Er kann nur bei trockenem Wetter und mit dem erwähnten guten Geländewagen mit viel Bodenfreiheit befahren werden.

Tankstellen gibt es in Sesfontain, Opuwo und Ruacana, hier kann man auch die Grundausstattung ergänzen, ansonsten ist man im ganzen Kaokoveld auf die mitgeführten Vorräte angewiesen. Kartenmaterial und spezielle Reiseführer bringt man am besten von daheim mit oder kauft sie noch in Windhoek. Bei den Karten und Wegbeschreibungen darf man nicht die in Mitteleuropa gewohnte Detailliertheit erwarten.

Inhalt der beiliegenden CD *Himba. Traditionelle Musik*:

1. Etjos »Ondjembo yerose 1« [0'20]
2. Kinder von Etanga [1'00]
3. Schulklasse aus Otjitanda [0'33]
4. Schulklasse aus Otjitanda »Kareke 1« [0'40]
5. Schulklasse aus Otjitanda »Kareke 2« [0'34]
6. Schulklasse aus Otjitanda »Kawandenge« [1'13]
7. Schulklasse aus Otjitanda [1'16]
8. Schulklasse aus Otjitanda [0'52]
9. Schulklasse aus Otjitanda »Mesie« [1'26]
10. Outa [4'05]
11. Konaware [2'28]
12. Etjos »Ondjembo Yerose 2« [0'41]
13. Ondjongo, Dorffest [40'11]

Wir danken Land Rover sowie der Leica Camera AG, dem Camera Werk Dresden und Biosphere Expeditions für die tatkräftige und großzügige Unterstützung.

Der Verein Hilfe für Namibia e. V. engagiert sich für soziale Projekte in Namibia.
Wenn Sie diese Arbeit unterstützen möchten, sind Spenden herzlich willkommen:
HypoVereinsbank Miesbach (BLZ 711 200 77)
Konto: 6 120 203 760

Tonstudio: Radio Regenbogen, Rosenheim
Mastering: Reinhart Knirsch
Kartenskizze: Sebastian Schrank, München
Seitenlayout und Satz: VerlagsService Dr. Helmut Neuberger
& Karl Schaumann GmbH, Heimstetten
Lithografie: Repro Ludwig, Zell am See
Druck und Bindung: Druckerei Ernst Uhl, Radolfzell
Printed in Germany
ISBN 3-475-53572-6